BEI GRIN MACHT SICH WISSEN BEZAHLT

- Wir veröffentlichen Ihre Hausarbeit,
  Bachelor- und Masterarbeit

- Ihr eigenes eBook und Buch -
  weltweit in allen wichtigen Shops

- Verdienen Sie an jedem Verkauf

Jetzt bei www.GRIN.com hochladen und kostenlos publizieren

Maik Günther

Ein XML-Format für die Personaleinsatzplanung inkl. untertägiger Personaleinsatzplanung

GRIN Verlag

Bibliografische Information der Deutschen Nationalbibliothek:

Die Deutsche Bibliothek verzeichnet diese Publikation in der Deutschen National-
bibliografie; detaillierte bibliografische Daten sind im Internet über http://dnb.d-
nb.de/ abrufbar.

Impressum:

Copyright © 2008 GRIN Verlag GmbH
Druck und Bindung: Books on Demand GmbH, Norderstedt Germany
ISBN: 978-3-640-90936-0

Dieses Buch bei GRIN:

http://www.grin.com/de/e-book/171544/ein-xml-format-fuer-die-personaleinsatz-
planung-inkl-untertaegiger-personaleinsatzplanung

GRIN - Your knowledge has value

Der GRIN Verlag publiziert seit 1998 wissenschaftliche Arbeiten von Studenten, Hochschullehrern und anderen Akademikern als eBook und gedrucktes Buch. Die Verlagswebsite www.grin.com ist die ideale Plattform zur Veröffentlichung von Hausarbeiten, Abschlussarbeiten, wissenschaftlichen Aufsätzen, Dissertationen und Fachbüchern.

Besuchen Sie uns im Internet:

http://www.grin.com/

http://www.facebook.com/grincom

http://www.twitter.com/grin_com

Ein XML-Format für die Personaleinsatzplanung inkl. untertägiger Personaleinsatzplanung

Maik Günther

15.04.2008

Inhaltsverzeichnis

1 Einleitung

Das Vorhandensein eines Datenformates ist für eine intensive Forschung mit Echtdaten unabdingbar. Nur so ist es möglich, Planungsprobleme einer breiten Masse zugänglich zu machen, sodass an ihnen vielfältige Benchmarktests vorgenommen werden können. Betrachtet man die Vielzahl an Veröffentlichungen der letzten Dekaden zum Thema Personaleinsatzplanung, zeigt sich, dass Vergleiche der vorgestellten Lösungsverfahren wegen der Verschiedenartigkeit der Problemstellungen nur schwerlich möglich sind.

Reis und Oliveira [ReOl01, 328] fordern, dass mit einen Datenformat für das Time-tabling School, Exam und University Timetabling Probleme abbildbar sein müssen. Diese Forderung steht beispielhaft für die aktuelle Situation der Datenformate im Timetabling. Bislang liegt der Fokus dieser Formate auf dem Educational Timetabling. Zwar wird zumeist eine Allgemeingültigkeit der Datenformate gefordert, doch die Besonderheiten der Personaleinsatzplanung – gerade der untertägigen Personaleinsatz-planung – bleiben weitestgehend unberücksichtigt. Mit dieser Arbeit soll daher ein Datenformat für die Abbildung von ganztägigen sowie untertägigen Personaleinsatzpla-nungsproblemen vorgestellt werden. Dabei soll kein komplett neues Format erstellt werden. Vielmehr hat es sich gezeigt, dass das Format der ASAP[1] (Automated Schedu-ling, Optimisation and Planning Ressearch Group) bereits recht gut geeignet ist, sodass es erweitert wird.

Im folgenden Kapitel wird zunächst die untertägige Personaleinsatzplanung beleuchtet, da dort einige Besonderheiten zu berücksichtigen sind, die das Datenformat unterstützen soll. Anschließend wird in Kapitel drei ein Überblick über verschiedene Datenformate gegeben, die bisher entwickelt wurden, wobei gesondert auf TTML und das Format der ASAP eingegangen wird. Das neue Datenformat für die ganztägige und untertägige Personaleinsatzplanung soll gewissen Anforderungen genügen. Diese werden in Kapitel vier vorgestellt. Anschließend werden im fünften Kapitel die Modifikationen am Format der ASAP beschrieben. Mit einer Zusammenfassung und einem Ausblick endet diese Arbeit, wobei in Anhang A eine Problemstellung beispielhaft im hier vorgestellten Format aufgeführt ist.

---

[1] Erstaunlicher Weise existiert für das Format der ASAP kein Eigenname und daher auch keine Abkürzung wie z.B. TTL, TTML, GTML, STML. An dieser Stelle soll auch kein neuer Name kreiert werden. Daher wird im Folgenden vom Format der ASAP bzw. Datenformat der ASAP gesprochen.

2 Besonderheiten der untertägigen Personaleinsatzplanung

In diesem Kapitel wird die Problemstellung der untertägigen Personaleinsatzplanung näher erläutert. Es werden die wesentlichen Eigenschaften der untertägigen Personal-einsatzplanung beleuchtet, wobei besonders auf die Unterschiede zur ganztägigen Personaleinsatzplanung eingegangen wird. Für nähere Erläuterungen zur ganztägigen Personaleinsatzplanung sei auf die einschlägige Literatur zu diesem Thema verwiesen [HeZa05, Scher05, MeSc03].

2.1 Planungsvarianten

Personaleinsatzplanung mit untertägiger Planung kann auf zwei verschiedenen Wegen erfolgen. Das Datenmodell zur Abbildung von Planungsproblemen soll beide Varianten unterstützen:

- Zur Komplexitätsreduzierung wird das Planungsproblem zerlegt. Zunächst wird im Rahmen der ganztägigen Personaleinsatzplanung ein Wochen- oder Monats-plan erstellt. Dort werden den Mitarbeitern Arbeitszeitmodelle (mit Kern-, Rahmen- und Normalarbeitszeiten sowie erlaubte Anwesenheitszeiten) und Stammarbeitsplätze für die einzelnen Tage zugewiesen. Anschließend werden die Mitarbeiter in einem zweiten Planungsschritt untertägig auf einzelne Ar-beitsplätze verplant, wobei die Informationen der ganztägigen Einsatzplanung genutzt werden.

- Der zu planende Zeitraum (z.B. eine Woche oder ein Monat) wird in einem einzigen Planungsschritt komplett untertägig geplant. Es erfolgt somit keine Zer-legung der Problemstellung in Teilprobleme. Dies macht selbstverständlich leistungsfähige Lösungsverfahren erforderlich, da Timetabling-Probleme NP-vollständig sind [CoKi96; KrKa98, 12-15]. Laut [TiKa82] ist die Problemstel-lung der Personaleinsatzplanung sogar komplexer als das Traveling Salesman Problem.

2.2 Planungshorizont

Bei der ganztägigen Personaleinsatzplanung erfolgt die Zuweisung eines Mitarbeiters bzgl. Arbeitsplatz und Arbeitszeitmodell für den kompletten Tag. Oft werden bei der

Planung gleich mehrere Tage gemeinsam geplant (Wochenplan, Monatsplan). Klassische Beispiele sind die Dienstplanung im Krankenhaus und die Schichtplanung in einem Produktionsunternehmen. Im Gegensatz dazu werden Mitarbeiter bei der untertägigen Personaleinsatzplanung nicht mehr fest auf einen Arbeitsplatz pro Tag geplant. Sie können ihren Arbeitsplatz beliebig oft wechseln. Dies ist eine Anforderung, die im Dienstleistungsbereich häufig gefordert ist, da dort gewöhnlich kurzzeitige Bedarfe an Arbeitskräften auf den verschiedenen Arbeitsplätzen auftreten. So arbeitet ein Mitarbeiter beispielsweise von 8.00-10.30 Uhr in der Warenannahme und von 10.30-13.15 Uhr an Kasse. Die Zeitintervalle, in denen ein Mitarbeiter auf einem Arbeitsplatz eingeplant ist, können beliebig klein sein. Aus praktischen Gründen machen jedoch Zeitintervalle kleiner als 15 Minuten wenig Sinn, wobei es hier auch Ausnahmen gibt.

2.3 Nebenbedingungen

Welche Nebenbedingungen relevant sind, hängen von den Planungsvarianten ab, die in Kapitel 2.1 beschrieben wurden. Wird die Planung in einem einzigen Schritt vollzogen, so sind zusätzlich zu den Nebenbedingungen der untertägigen Planung auch die der ganztägigen Planung zu berücksichtigen. Die Nebenbedingungen im Rahmen der ganztägigen Planung können äußerst komplex und umfangreich sein, wie die Arbeit von Vanden Berghe zum Nurse Rostering beispielhaft zeigt [Vand02, 34-66].

Sollte das Planungsproblem zur Komplexitätsreduzierung zunächst ganztägig und anschließend untertägig gelöst werden, so sind für die untertägige Personaleinsatzplanung die folgenden Nebenbedingungen zu berücksichtigen: Es kann erforderlich sein, die Anzahl der Arbeitsplatzwechsel pro Planungshorizont zu begrenzen. Unabhängig davon, ob es sich um eine ganztägige oder untertägige Personaleinsatzplanung handelt, sind zu häufige Arbeitsplatzwechsel nicht arbeitsergonomisch und werden von Mitarbeitern als störend und belastend empfunden. Daher ist jedem Mitarbeiter nur eine maximale Anzahl an Arbeitsplatzwechseln zuzumuten. Zudem würden sich bei zu vielen Wechseln organisatorische Probleme ergeben. Es ist z.B. nicht sinnvoll, dass ein Mitarbeiter zehn Mal am Tag den Arbeitsplatz wechselt. Dies ist einerseits schwer zu realisieren und stellt aufgrund möglicher Wegzeiten und eventueller Einarbeitungszeiten eine Ressourcenverschwendung dar. Eine weitere Nebenbedingung besteht in der Minimierung möglicher Abweichungen von den Besetzungsvorgaben. Eine Überdeckung an eingesetzten Mitarbeitern wirkt langfristig negativ auf die Mitarbeitermotivation und führt zu unnötigen Kosten. Mitarbeiter werden bezahlt, obwohl sie nicht gebraucht werden. Unterbesetzungen führen zu möglichen Umsatzverlusten, mindern die Mitarbeitermotivation und führen u.U. zu Überstunden bei den anwesenden Mitarbeitern und somit zu Mehrkosten. Zudem muss gewährleistet werden, dass die verplanten Mitarbeiter die erforderlichen Qualifikationen besitzen, um auf einem bestimmten Arbeitsplatz zu arbeiten. Dabei kann auch der Ausprägungsgrad einer Qualifikation von Relevanz sein – entweder muss eine Mindestqualifikation vorhanden sein oder ein Experte soll keine niederen Tätigkeiten ausführen.

3 Existierende Datenformate

In diesem Kapitel wird ein Überblick über die verschiedenen Datenformate gegeben, wobei besonders auf zwei der vielversprechendsten Formate eingegangen wird.

3.1 Allgemeiner Überblick

In der Vergangenheit wurde eine Vielzahl an Formaten entwickelt, doch bisher hat sich keine universelle Sprache zur Abbildung von Timetabling-Problemen durchgesetzt ReOl01, 323]. Anfangs verwendete man kommaseparierte oder tabellarische Formaten, die aus mehreren Dateien bestehen [MeSc98, 11-19]. Im Rahmen von Bestrebungen zur Schaffung eines einheitlichen Formates wurden einfache Grammatiken formuliert [BKP98; CoKi96]. Weitere Entwicklungen zeigen einen Trend hin zu XML-Formaten wie Tablix [Šolc08; Tabl08], TTML [Özca05] oder das Format der ASAP [Curt08]. Zumeist liegt der Fokus dieser Formate auf dem Educational Timetabling. Nachfolgend eine Auflistung verschiedener Datenformaten inkl. Quellen, die bisher besondere Beachtung fanden:

- TTL [CoKi96]
- UniLang [ReOl01]
- STTL [King01; RaAh06]
- TTML [Özca05]
- Tablix [Šolc08; Tabl08]
- Format der ASAP [Curt08]

In den beiden folgenden Kapiteln wird etwas tiefer auf TTML und das Format der ASAP geblickt, da sie am besten geeignet für die Abbildung von ganztägigen und untertägigen Personaleinsatzplanungsproblemen erscheinen.

3.2 TTML: Timetabling Markup Language

TTML [Özca05] ist ein sehr flexibles Datenformat in XML, das auf MathML [Sand02] basiert. Obwohl es vornehmlich auf Educational Timetabling fokussiert, können auch Personaleinsatzplanungsprobleme abgebildet werden. Die Struktur von TTML setzt ein gewisses Problem- und Modellierungswissen des Anwenders voraus. Es genügt nicht, einfach Mitarbeiter, Qualifikationen, Bedarfe, usw. anzugeben. Vielmehr muss auch exakt spezifiziert werden, was Variablen und Ressourcen sind und wie die Zeit abgebildet werden soll. Des Weiteren werden Nebenbedingungen sehr detailliert hinterlegt. Zum einen schließt dies Missverständnisse zwischen Anwendern aus. Zum anderen sind sie auf den ersten Blick nicht leicht verständlich und deren Formulierung ist mit erheblichem Aufwand verbunden. Obwohl dieses Datenformat bereits in 2003 erstmalig vorgestellt wurde, hat es bisher kaum Anwendung gefunden. In der Praxis zeigt sich, dass die Abbildung einer Problemstellung in TTML etwa doppelt so lange dauert wie mit dem Format der ASAP, dass nachfolgend beschrieben wird.

3.3 Format der ASAP

Die Wurzeln dieses Datenformates liegen im Nurse Rostering [Bruc07 u.a., 8-9; Vand02]. Aus diesem Grund weißt es einige Schwächen in Bezug auf eine arbeitsplatzbezogene und untertägige Personaleinsatzplanung auf. Mit einigen Modifikationen kann das XML-Format jedoch leicht erweitert werden, sodass diese Mängel abgestellt werden. Das Datenformat ist leicht verständlich und neue Problemstellungen lassen sich relativ einfach abbilden. Besonders positiv fallen das Softwaresysteme sowie die umfangreichen Dokumentationen, Publikationen und Echtdaten ins Gewicht, die für dieses Datenformat zur Verfügung stehen [Curt08]. Des Weiteren werden diese Ressourcen von der ASAP gepflegt, sodass eine langfristige Betreuung und ein großer Bekanntheitsgrad gewährleistet ist. Aus den genannten Gründen wird dieses Format für die Abbildung von ganztägigen und untertägigen Personaleinsatzplanungsproblemen präferiert. In Kapitel fünf werden die Modifikationen beschrieben, um eine arbeitsplatzbezogene und untertägige Personaleinsatzplanung zu ermöglichen. Zunächst werden jedoch die Anforderungen an das neue Datenformat in Kapitel vier dargestellt.

4 Anforderungen an ein Datenformat

In dieser Arbeit wird ein Datenformat vorgestellt, dass für die Abbildung von Personaleinsatzplanungsproblemen (ganztägig sowie untertägig) geeignet ist. Selbstverständlich muss dieses Format bestimmten Anforderungen genügen, die nun erläutert werden

Die Anforderungen, denen das Datenformat genügen soll, sind nachfolgend aufgeführt und wurden z.T. schon in [BKP98, 214-215; CuPa95; ReOl01, 327-328] gefordert:

- Unabhängigkeit von Implementierungsdetails und Lösungsverfahren
- Allgemeingültigkeit
- Leichte Überführung existierender Problemstellungen in das neue Format
- Leichte Erweiterbarkeit
- Erweiterungen des Datenformats sollen die Abwärtskompatibilität nicht einschränken
- Leicht lesbar und verständlich für den Anwender
- Einfache Syntax
- So präzise wie möglich
- Große Bekanntheit

Die Allgemeingültigkeit des Formates, wie sie bereits in [BKP98, 214-215] gefordert wird, soll für Problemstellungen aus dem Bereich der Personaleinsatzplanung bestehen. Eine Ausweitung auf alle Formen des Timetablings ist nicht angedacht. Dies würde die Komplexität deutlich erhöhen, da sich die verschiedenen Arten des Timetablings stark unterscheiden können.

Ein großer Bekanntheitsgrad des Datenformates soll durch verschiedene Maßnahmen erreicht werden. Ein zentraler Punkt ist die Veröffentlichung einer Suite mit Beispielproblemen im Internet. Diese Suite wird die verschiedensten Probleme beinhalten, die sich hinsichtlich Nebenbedingungen, Branchen, Anzahl Mitarbeiter und Arbeitsplätze unterscheiden. Zudem wird ein Softwaresystem bereitgestellt, mit dem die Problemstellungen gelesen und gelöst werden können. Durch die Erweiterung dieses Softwaresystems um weitere Lösungsmethoden, können leicht verschiedene Benchmarktests vorgenommen werden. In der Vergangenheit mangelte es z.T. an detaillierten und leicht verständlichen Beschreibungen der Datenformate. Diese Arbeit begegnet diesem Mangel.

Der in [CuPa95; ReOl01, 327] genannten Forderung, dass auf Informationen verzichtet wird, die nicht in direktem Zusammenhang mit der Problemstellung stehen (z.B. Namen), wird nicht vollständig nachgekommen. Vielmehr soll optional die Möglichkeit bestehen, Zusatzinformationen bei der Problemformulierung anzugeben. Für eine spätere Lösungsdarstellung kann es durchaus sinnvoll sein, ergänzende Informationen mit auszugeben.

Alle anderen Forderungen an das Datenformat werden bei dessen Konstruktion berücksichtigt. Dabei wird XML genutzt, was eine strukturierte und flexible Problemformulierung ermöglicht. Auch die Überführung bestehender Problemstellungen von einem Format in ein anderes ist dank XML gut handhabbar. Zudem sind XML-Dokumente plattformunabhängig, textorientiert und relativ leicht verständlich. Im nächsten Kapitel werden die Erweiterungen des Formates der ASAP beschrieben.

5 Erweiterung des Datenformats der ASAP

Nachfolgend werden lediglich die Erweiterungen des Datenformates der ASAP erläutert. Eine umfassende Beschreibung aller Elemente ist Anhang A zu entnehmen. Die hier dargestellten Erweiterungen ermöglichen die Abbildung ganztägiger sowie untertägiger Personaleinsatzplanungsprobleme. Vor allem für die untertägige Personaleinsatzplanung wurden umfassende Änderungen vorgenommen – z.B. mit der Einführung von Arbeitsplätzen.

5.1 Zusatzinformationen

Einleitend werden Informationen zum Autor, Erstellungsdatum, Beschreibung des Planungsproblems sowie zu Quellen ergänzt. Eine spätere Nutzung der abgebildeten Problemstellungen durch Dritte soll so vereinfacht werden. Die Syntax für Zusatzinformationen ist in TTML sehr gut umgesetzt und wird daher übernommen. Zusatzinformationen werden im Tag <MetaInformation> eingeschlossen.

5.2 Zeit

Für die untertägige Personaleinsatzplanung ist es erforderlich, eine Vielzahl an Zeitintervallen pro Tag darzustellen. Das Format der ASAP bietet hierzu den Tag <Period> in <DayPeriods>. Man will damit den Personalbedarf von Schichten entkoppeln und ihn für einzelne Perioden angeben. Im Zuge der Verplanung von Mitarbeitern auf Schichten, die aus einzelnen Perioden bestehen, sollen flexiblere Einsatzpläne mit weniger Leerzeiten entstehen [Vand02, 37-38, 161-178].[2] Schon sehr kleine untertägige Planungsprobleme werden mit diesem Konstrukt jedoch unübersichtlich, groß und schwer zu lesen. Da dies den zuvor genannten Anforderungen an ein Datenformat nicht genügt, wird eine andere Form der Umsetzung gewählt. Im Tag <DayPeriods> kann nun <Date> stehen. Für einen oder mehrere Tage wird hier die Anzahl an Intervallen und die Intervalllänge angegeben. Sollte es unterschiedlich lange Intervalle in den Rohdaten geben, so werden sie im Vorfeld auf das kleinste gemeinsame Vielfache ihrer Länge reduziert.

---

[2] Es erfolgt eine Flexibilisierung hinsichtlich der Schichten (Zeit) - nicht hinsichtlich der Arbeitsplätze (Ort).

5.3 Arbeitsplätze

Das Konzept der ASAP sieht folgender Maßen aus: Um einen definierten Bedarf an Mitarbeitern zu decken, werden diese auf zuvor definierten Schichten verplant. Der Personalbedarf kann für Schichten, Schichtgruppen, Zeitperioden und Qualifikationen bestehen. Arbeitsplätze existieren im Datenformat der ASAP nicht. Daher ist deren Konzept nur dann unproblematisch anwendbar, wenn es sich lediglich um die Abbildung eines einzigen Arbeitsplatzes handelt. Bei mehr als einem Arbeitsplatz stößt das Konzept an Grenzen, da verschiedene Arbeitsplätze, bei denen bestimmte Schichten zulässig sind, nicht problemlos abgebildet werden können. Theoretisch bestünde die Möglichkeit, Schichten nur für bestimmte Arbeitsplätze zu definieren. Eine konkrete Bindung der Schicht an den jeweiligen Arbeitsplatz erfolgt dabei nicht, da diese im Datenformat nicht existieren. Die Zuweisung ist lediglich ein gedanklicher Prozess. Ein Beispiel: Es gibt zwei Arbeitsplätze und eine Nachtschicht. Man würde z.b. die beiden Schichten N1 und N2 erstellen, um die beiden Arbeitsplätze getrennt abzubilden. Dieses Vorgehen ist jedoch nicht optimal, da es sehr komplex ist und durch die Bindung des Personalbedarfs an Schichten die Realität nicht immer korrekt wiedergibt. Gerade im Handel wird der Personalbedarf für Arbeitsplätze je Zeitintervall ermittelt. Eine Koppelung des Personalbedarfs an Schichten macht nur dann Sinn, wenn im Vorfeld ein Workforce Scheduling [Musl06, Gune99] stattgefunden hat. In der Praxis ist das jedoch nicht immer der Fall und der eher langfristige Planungscharakter erlaubt keine kurzfristigen Arbeitsplatzwechsel, wie sie bei der untertägigen Personaleinsatzplanung zu finden sind. Zudem werden Mitarbeiter nach dem Konzept der ASAP nur einer Schicht pro Tag zugeteilt – selbst das zuvor geschilderte Vorgehen würde keine untertägigen Arbeitsplatzwechsel ermöglichen. Aus diesem Grund wird das Modell der ASAP um Arbeitsplätze erweitert. Schichten und Arbeitsplätze sind somit getrennt. Es gibt Arbeitsplätze, die bestimmte Qualifikationen erfordern können und für die ein Personalbedarf definiert wird. Zudem haben sie einen Namen, eine Abkürzung und eine eindeutige Identifikationsnummer. Auf der anderen Seite gibt es Schichten, die für bestimmte Arbeitsplätze zulässig sind. In der Schicht werden Pausen, Kernzeiten sowie Arbeitsbeginn und -ende festgelegt.

5.4 Sondertage

Bisher ist es lediglich möglich, bestimmte Tage als Wochenenden festzulegen und Tage als Feiertage anzugeben. Zusätzlich sollen Sondertage festgelegt werden können. Hilfreich sind diese Sondertage, wenn es besonderen Ereignissen gibt. Beispielsweise ein Tag mit verlängerten Öffnungszeiten, Tage, an denen kein Urlaub genommen werden darf, Messetage, etc.

5.5 Nebenbedingungen

Nebenbedingungen können global (in <MasterWeights>) oder individuell für Mitarbeiter (in <Contracts>) hinterlegt werden. Individuelle Nebenbedingungen dominieren die globalen Nebenbedingungen. Einige Nebenbedingungen z.B. zu Über- und Unterbesetzungen werden direkt in <MasterWeights> hinterlegt.

Nebenbedingungen können im Datenformat nicht als hart oder weich definiert werden, da einige von vornherein als hart angesehen werden [Bruc07, 4; BCQV07a, 4; BCQV07b, 6]. Dieses Vorgehen ist nicht flexibel genug. Aus diesem Grund soll im jeweiligen Tag für die Nebenbedingung mit „Type=hard/soft" angegeben werden, ob es sich um harte oder weiche Nebenbedingungen handelt. Wird nichts angegeben, so wird „soft" unterstellt.

Mitarbeiter sind so einzuplanen, dass der Personalbedarf nicht überschritten wird. Es kann eine Maximalbesetzung oder eine präferierte Besetzungsvorgabe als Bezugsgröße dienen. Sollten zu viele Mitarbeiter eingeplant sein, wird jedoch nicht unterschieden, ob ein Bedarf von null oder mehr als null Mitarbeitern vorliegt. Allgemein ist eine Überplanung der Besetzungsvorgabe zu vermeiden. Jedoch wiegt die Einplanung eines Mitarbeiters auf einen Arbeitsplatz, bei dem rein gar nichts zu tun ist, schwerer als eine Überplanung bei einem Arbeitsplatz mit einem Bedarf größer als null. Mit den Tags </PrefOverStaffingNoRequirements>, </MaxOverStaffingNoRequirements> wird diese Nebenbedingung in den <MasterWeights> abgebildet. Es werden Überdeckungen von der präferierten und von der maximal zulässigen Besetzung berücksichtigt.

Dank der Modifikationen bei <DayPeriods> ist es nun möglich, Über- und Unterbesetzungen einfach und komfortabel zu bewerten. Für jede Abweichung von der Besetzungsvorgabe fallen Strafpunkte je Zeitintervall an, wobei auch die Länge des Zeitintervalls berücksichtigt wird. Bei den entsprechenden Nebenbedingungen kann mit Unit="sek/min/hour/day" die geltende Zeiteinheit angegeben werden. Dann gelten die angegebenen Fehlerpunkte für jede Zeiteinheit, in der gegen die Bedingung verstoßen wird. Ansonsten beziehen sich die Fehlerpunkte auf die Tatsache eines Verstoßes – also auf den jeweiligen Zeitintervall (der, der in der Problembeschreibung angegeben ist - nicht der aus einem später erzeugten zeitdiskreten Modell). Beispielsweise entstehen 200 Fehlerpunkte, wenn zwei Mitarbeiter zu viel in einem einzigen Zeitslot ohne angegebene Zeiteinheit arbeiten (bei 100 Fehlerpunkten). Wird eine Zeiteinheit angegeben und die Dauer der Über- bzw. Unterbesetzung entspricht einem nicht ganzzahligen Vielfachen dieser Zeiteinheit, so wird diese auf ein ganzzahliges Vielfaches gerundet (z.B. Unit="hour": 110 Minuten = 2 Stunden; 29 Minuten = 0 Stunden). Anschließend werden die Fehlerpunkte ermittelt.

Bei den <MasterWeights> wird der Tag <NoSkill> ergänzt. Eine Nebenbedingung wird verletzt, wenn der Mitarbeiter wenigstens eine der geforderten Qualifikationen nicht hat.

Es gibt Nebenbedingungen, die die Anzahl der Schichtwechsel berücksichtigen, jedoch keine, die sich auf Arbeitsplätze beziehen. Daher werden <MinWorkstationsPerDay> und <MaxWorkstationsPerDay> ergänzt. Diese Nebenbedingungen können in <Master-Weights> oder in <Contracts> stehen.

5.6 Qualifikationen

Tätigkeiten erfordern oft bestimmte Qualifikationen, die Mitarbeiter erfüllen müssen, um auf ihnen eingeplant werden zu können. Nur in wenigen Situationen werden Planungsbereiche mit Mitarbeitern mit sehr homogener Qualifikationsstruktur besetzt, so dass es von dieser Seite her relativ gleichgültig wäre, welcher Mitarbeiter auf welchem Arbeitsplatz arbeitet. Das bloße Vorhandensein einer Qualifikation genügt in der Praxis nicht immer. Daher wird die Ausprägung einer Qualifikation als optionale Größe ergänzt. So müssen keine zusätzlichen Qualifikationen angelegt werden, die höhere Fähigkeitsniveaus symbolisieren und das Planungsproblem schnell unübersichtlich sowie die Handhabung wenig praktikabel machen. Mit Hilfe des Ausprägungsgrades ist es möglich, den jeweils am besten geeigneten Mitarbeiter einzusetzen oder eine Mindest- oder Maximalausprägung für einen Arbeitsplatz zu fordern. Zudem erhält jede Qualifikation eine Identifikationsnummer, sowie eine Lang- und eine Kurzbezeichnung. Die Identifikationsnummer kann an einen Mitarbeiter, einen Arbeitsplatz, usw. geknüpft werden und die zusätzlichen Bezeichnungen dienen der übersichtlicheren Ausgabe.

5.7 Personalbedarf

Der Personalbedarf kann für Schichten, Schichtgruppen, Zeitintervalle und Qualifikationen in <CoverRequirements> angegeben werden. Mit der Einführung von Arbeitsplätzen ist nun auch die Möglichkeit gegeben, Bedarfe für Arbeitsplätze festzulegen. Dies erfolgt in <Cover> für die jeweilige <WorkstationID>.

5.8 Präferenzen

Für Mitarbeiter können bisher Präferenzen für Schichten und Tage angegeben werden, zu denen sie arbeiten oder nicht arbeiten möchten. Zusätzlich macht es Sinn, auch Uhrzeiten anzugeben, um die Präferenzen besser zu spezifizieren. Diese Uhrzeiten schränken dann die Schichtauswahl entsprechend ein und führen zu Strafpunkten, wenn sie verletzt werden.

5.9 Ganztägige Zuweisungen

In Kapitel 2.1 wurden zwei Planungsvarianten skizziert. Sollte die untertägige Personeinsatzplanung zur Komplexitätsreduzierung im Anschluss an eine ganztägige Planung erfolgen, sind für die untertägige Planung einige notwendige Informationen zu hinterlegen. Hier kann die schon existierende Syntax der ASAP für die Abbildung der Lösung herangezogen werden. In <Assignments> wird jedem Mitarbeiter der geplante ganztägige Arbeitsplatz über die WorkstationID zugewiesen und über die zugeteilten Schichten sind Pausen, Arbeitsbeginn und -ende sowie An- und Abwesenheit der Mitarbeiter bekannt.

6 Zusammenfassung und Ausblick

In dieser Arbeit wurde auf die Besonderheiten der untertägigen Personaleinsatzplanung im Vergleich zur ganztägigen Personaleinsatzplanung eingegangen, die vor allem im Planungshorizont, in den Arbeitsplatzwechseln und in den Nebenbedingungen liegen. Weiterhin konnten die Anforderungen an ein Datenformat dargestellt und ein Überblick über einige Formate gegeben werden.

Auch das zentrale Ziel der Arbeit wurde erreicht: Die Erstellung eines Datenformates für die Abbildung von Personaleinsatzplanungsproblemen (ganztägig sowie untertägig). Mit der Erweiterung des XML-Formates der ASAP wurde auf ein flexibles, einfaches und verständliches Format zurückgegriffen, das vor allem wegen der guten Dokumentation und der Erweiterbarkeit überzeugt. Somit ist es nun möglich, mit verschiedenen Problemstellungen komfortabel zu arbeiten und diese einer breiten Masse zugänglich zu machen.

Das hier dargestellte XML-Format ist mit dieser Arbeit noch nicht vollends fertig gestellt. Zukünftig soll es an die Anforderungen des Workforce Managements angepasst werden. Aufträge, Zeitslots, Wegzeiten, etc. werden zu diesen Erweiterungen gehören. Zunächst wird jedoch die Verbreitung dieses Formates mit der Bereitstellung einer Suite an Beispieldaten gefördert.

Literaturverzeichnis

[BCQV07a]   Burke, Edmund K.; Curtois, Timothy; Qu, Rong; Vanden Berghe: A
            Time Pre-defined Variable Depth Search for Nurse Rostering, Technical
            Report No. NOTTCS-TR-2007-6, University of Nottingham, 2007.

[BCQV07b]   Burke, Edmund K.; Curtois, Timothy; Qu, Rong; Vanden Berghe: A
            Scatter Search for the Nurse Rostering Problem, Technical Report No.
            NOTTCS-TR-2007-7, University of Nottingham, 2007.

[BKP98]   Burke, Edmund K.; Kingston, Jeffrey H.; Pepper, Paul W.: A standard
            Data Format for Timetabling Instances, in: Burke, Edmund K.; Carter,
            Michael (Hrsg.): Practice and Theory of Automated Timetabling II. Sec-
            ond International Conference, PATAT 1997, Toronto, Canada, August
            1997, Selected Papers, Series: Lecture Notes in Computer Science, Band
            1408. Springer: Berlin u.a. 1998, S. 213-222.

[Bruc07 u.a.] Brucker, Peter u.a.: Adaptive Construction of Nurse Schedules: A Shift
            Sequence Based Approach, Technical Report No. NOTTCS-TR-2007-1,
            University of Nottingham, June 2007.

[CoKi96]   Cooper, Tim B.; Kingston, Jeffrey H.: The Complexity of Timetabling
            Construction Problems. in: Burke, Edmund K.; Ross, Peter (Hrsg.): Prac-
            tice and Theory of Automated Timetabling, First International
            Conference, Edinburgh, U.K., August 29-September 1, 1995, Selected
            Papers, Series: Lecture Notes in Computer Science, Band 1153,
            Springer: Berlin u.a. 1996, S. 283-295.

[CuPa95]   Cumming, Andrew; Paechter, Ben: Seminar: Standard Timetabling Data
            Format, Practice and Theory of Automated Timetabling. First Interna-
            tional Conference, PATAT 1995, Edinburgh, UK, August 29-September
            1, 1995.

[Curt08]   Curtois, Timothy: Personnel Scheduling Data Sets and Benchmarks, http://www.cs.nott.ac.uk/~tec/NRP, Abruf am 2008-03-19.

[Güne99]   Güneş, Evrim Didem: Workforce Scheduling, Technical Report TR-06533, Department of Industrial Engineering, Bilkent University, Ankara, Turkey, 1999.

[HeZa05]   Hesseln, Stefan; Zander, Guido: Wesentliche Funktionen der Personaleinsatzplanung, in: Fank, Matthias; Scherf, Burkhard (Hrsg.): Handbuch Personaleinsatzplanung, 1. Auflage, Datakontext: Frechen 2005, S. 119-148.

[King01]   Kingston, Jeffrey H.: Modelling timetabling problems with STTL, in: Burke, Edmund K.; Erben, Wilhelm (Hrsg.): Practice and Theory of Automated Timetabling III. Third International Conference, PATAT 2000, Konstanz, Germany, August 16-18, 2000, Selected Papers, Series: Lecture Notes in Computer Science, Band 2079, Springer: Berlin u.a. 2001, S. 309-321.

[KrKa98]   Kragelund, Lars; Kabel, Torben: Employee Timetabling. An Empirical Study of Solving Real Life Multi-Objective Combinatorial Optimisation Problems by means of Constraint-Based Heuristic Search Methods, Master's Thesis in Computer Science, Department of Computer Science, University of Aarhus, Denmark, 1998.

[MeSc98]   Meisels, Amnon; Schaerf Andrea: Solving Employee Timetabling Problems-Search methods and Problem Standartization – DRAFT –, 1998.

[MeSc03]   Meisel, Amnon; Schaerf, Andrea: Modelling and Solving Employee Timetabling Problems, in: Annals of Mathematics and Artificial Intelligence, Band 39, Ausgabe 1-2, Kluwer Academic Publishers: Hingham 2003, S. 41-59.

[Musl06] Musliu, Nysret: Heuristic Methods for Automatic Rotating Workforce Scheduling, in: International Journal of Computational Intelligence Research, Band 2, Ausgabe 4, 2006, S. 309-326.

[Özca05] Özcan, Ender: Towards an XML based standard for Timetabling Problems: TTML, in: Kendall, Graham; Burke, Edmund K.; Petrovic, Sanja; Gendreau, Michel (Hrsg.): Multidisciplinary Scheduling. Theory and Applications, 1st International Conference, MISTA '03, Nottingham, U.K., 13-15 August 2003, Selected Papers, Springer: Berlin u.a. 2005, S. 163-186.

[RaAh06] Ranson, David; Ahmadi, Samad: An Extensible Modelling Framework for the Examination Timetabling Problem, in: Burke, Edmund K.; Rudová, Hana (Hrsg.): Practice and Theory of Automated Timetabling VI, 6th International Conference, PATAT 2006 Brno, Czech Republic, August 30-September 1, 2006, Revised Selected Papers, Series: Lecture Notes in Computer Science, Band 3867, Springer: Berlin u.a., S. 281-292.

[ReOl01] Reis, Luis Paolo; Oliveira, Eugénio: A Language for Specifying Complete Timetabling Problems, in: Burke, Edmund K.; Erben, Wilhelm (Hrsg.): Practice and Theory of Automated Timetabling III. Third International Conference, PATAT 2000, Konstanz, Germany, August 16-18, 2000, Selected Papers, Series: Lecture Notes in Computer Science, Band 2079, Springer: Berlin u.a. 2001, S. 322-341.

[Sand02] Sandhu, Pavi: The MathML Handbook, 1. Auflage, Charles River Media: Hingham 2002.

[Scher05] Scherf, Burkhard: Ein Vorgehensmodell zur Personaleinsatzplanung, in: Fank, Matthias; Scherf, Burkhard (Hrsg.): Handbuch Personaleinsatzplanung, 1. Auflage, Datakontext: Frechen 2005, S. 15-53.

[Šolc08] Šolc, Tomaž: Tablix2 file format – looking forward, 2008.

[TiKa82]   Tien, James M.; Kamiyama, Angelica: On Manpower Scheduling
            Algorithms, in: SIAM Review, Band 24, Ausgabe 3, 1982, S. 275-287.

[Tabl08]   Tablix.   Free   software   for   solving   timetabling   problems.
            http://www.tablix.org, Abruf am 2008-03-15.

[Vand02]   Vanden Berghe, Greet: An Advanced Model and Novel Meta-heuristic
            Solution Methods to Personnel Scheduling in Healthcare. Ph.D. Thesis,
            University of Gent, Belgium, 2002.

Anhang A: Beispiel

```xml
<?xml version="1.0" encoding="UTF-8"?>
<SchedulingPeriod ID="Beispiel A" OrganisationID="Virtuelles Unternehmen">
  <MetaInformation>
    <Type>DDETP</Type>
    <LastUpdate>2008-04-16T 17:57:00</LastUpdate>
    <Author>Maik Guenther</Author>
    <Desc>Beispieldokument fuer die untertaegige Personaleinsatzplanung</Desc>
    <Aref>
      <Li>
        Guenther, Maik: Ein XML-Format für die Personaleinsatzplanung inkl. untertaegiger
        Personaleinsatzplanung
      </Li>
    </Aref>
    <StartDate>2008-03-03</StartDate>
    <EndDate>2008-03-03</EndDate>
  </MetaInformation>

  <DayPeriods>
    <Date ID="2008-03-03" ShortDesc="D1">
      <Start>08:00:00</Start>
      <End>16:00:00</End>
      <TimeIntervalCount>32</TimeIntervalCount>
      <TimeIntervalLength Unit="min">15</TimeIntervalLength>
    </Date>
  </DayPeriods>

  <Skills>
    <Skill ID="1" ShortDesc="KA">
      <Name>Kassieren</Name>
    </Skill>
    <Skill ID="2" ShortDesc="LA">
      <Name>Lagerist</Name>
    </Skill>
    <Skill ID="3" ShortDesc="BE">
      <Name>Bereichsleiter</Name>
    </Skill>
  </Skills>
```

```xml
<Contracts>
  <Contract ID="1" ShortDesc="C1">
    <Label>Standardvertrag</Label>
    <MinWorkstationsPerDay Weight="0">1</MinWorkstationsPerDay>
    <MaxWorkstationsPerDay Weight="200">2</MaxWorkstationsPerDay>
  </Contract>
</Contracts>

<Employees>
  <Employee ID="1" ShortDesc="MA1">
    <Name>Patrick Trampnau</Name>
    <ContractID>1</ContractID>
    <Skills>
      <SkillID>1</SkillID>
      <SkillID>2</SkillID>
      <SkillID>3</SkillID>
    </Skills>
  </Employee>
  <Employee ID="2" ShortDesc="MA2">
    <Name>Julia Worlovski</Name>
    <ContractID>1</ContractID>
    <Skills>
      <SkillID>1</SkillID>
      <SkillID>3</SkillID>
    </Skills>
  </Employee>
  <Employee ID="3" ShortDesc="MA3">
    <Name>Maria Lange</Name>
    <ContractID>1</ContractID>
    <Skills>
      <SkillID>1</SkillID>
      <SkillID>3</SkillID>
    </Skills>
  </Employee>
  <Employee ID="4" ShortDesc="MA4">
    <Name>Kevin Flügel</Name>
    <ContractID>1</ContractID>
    <Skills>
      <SkillID>1</SkillID>
      <SkillID>3</SkillID>
```

```xml
      </Skills>
    </Employee>
    <Employee ID="5" ShortDesc="MA5">
      <Name>Björn Runge</Name>
      <ContractID>1</ContractID>
      <Skills>
        <SkillID>1</SkillID>
        <SkillID>2</SkillID>
        <SkillID>3</SkillID>
      </Skills>
    </Employee>
    <Employee ID="6" ShortDesc="MA6">
      <Name>Eduard Gercke</Name>
      <ContractID>1</ContractID>
      <Skills>
        <SkillID>2</SkillID>
        <SkillID>3</SkillID>
      </Skills>
    </Employee>
  </Employees>

  <Workstations>
    <Workstation ID="1" ShortDesc="AP1">
      <Name>Kasse</Name>
      <SkillID>1</SkillID>
    </Workstation>
    <Workstation ID="2" ShortDesc="AP2">
      <Name>Verkauf</Name>
      <SkillID>1</SkillID>
    </Workstation>
    <Workstation ID="3" ShortDesc="AP3">
      <Name>Lager</Name>
      <SkillID>2</SkillID>
    </Workstation>
    <Workstation ID="4" ShortDesc="AP4">
      <Name>Office</Name>
      <SkillID>3</SkillID>
    </Workstation>
  </Workstations>
```

```xml
<ShiftTypes>
  <Shift ID="1" ShortDesc="S1">
    <Colour>#66FF66</Colour>
    <Description>Schicht 1</Description>
    <StartTime>09:00:00</StartTime>
    <EndTime>15:00:00</EndTime>
  </Shift>
  <Shift ID="2" ShortDesc="S2">
    <Colour>#FF00FF</Colour>
    <Description>Schicht 2</Description>
    <StartTime>08:00:00</StartTime>
    <EndTime>16:00:00</EndTime>
  </Shift>
  <Shift ID="3" ShortDesc="S3">
    <Colour>#FFFF66</Colour>
    <Description>Schicht 3</Description>
    <StartTime>08:00:00</StartTime>
    <EndTime>12:00:00</EndTime>
  </Shift>
  <Shift ID="4" ShortDesc="S4">
    <Colour>#66FFFF</Colour>
    <Description>Schicht 4</Description>
    <StartTime>09:00:00</StartTime>
    <EndTime>14:00:00</EndTime>
  </Shift>
  <Shift ID="5" ShortDesc="S5">
    <Colour>#000066</Colour>
    <Description>Schicht 5</Description>
    <StartTime>08:00:00</StartTime>
    <EndTime>15:00:00</EndTime>
  </Shift>
</ShiftTypes>

<Assignments>
  <Assignment ID="1">
    <Date>2008-03-03</Date>
    <EmployeeID>1</EmployeeID>
    <ShiftID>1</ShiftID>
    <WorkstationID>3</WorkstationID>
  </Assignment>
```

```xml
    <Assignment ID="2">
      <Date>2008-03-03</Date>
      <EmployeeID>2</EmployeeID>
      <ShiftID>1</ShiftID>
      <WorkstationID>1</WorkstationID>
    </Assignment>
    <Assignment ID="3">
      <Date>2008-03-03</Date>
      <EmployeeID>3</EmployeeID>
      <ShiftID>2</ShiftID>
      <WorkstationID>1</WorkstationID>
    </Assignment>
    <Assignment ID="4">
      <Date>2008-03-03</Date>
      <EmployeeID>4</EmployeeID>
      <ShiftID>3</ShiftID>
      <WorkstationID>1</WorkstationID>
    </Assignment>
    <Assignment ID="5">
      <Date>2008-03-03</Date>
      <EmployeeID>5</EmployeeID>
      <ShiftID>4</ShiftID>
      <WorkstationID>1</WorkstationID>
    </Assignment>
    <Assignment ID="6">
      <Date>2008-03-03</Date>
      <EmployeeID>6</EmployeeID>
      <ShiftID>5</ShiftID>
      <WorkstationID>4</WorkstationID>
    </Assignment>
  </Assignments>

  <MasterWeights>
    <NoSkill Type="soft">5</NoSkill>
    <PrefOverStaffing Unit="min">1</PrefOverStaffing>
    <PrefOverStaffingNoRequirements Unit="min">2</PrefOverStaffingNoRequirements>
    <PrefUnderStaffing Unit="min">1</PrefUnderStaffing>
  </MasterWeights>
```

```xml
<CoverRequirements>
  <DateSpecificCover>
    <Date>2008-03-03</Date>
    <Cover>
      <WorkstationID>1</WorkstationID>
      <Preferred>2,2,2,2,1,1,1,1,1,1,4,4,2,2,2,2,3,3,3,3,3,3,3,3,1,1,1,1,1,1,1,1</Preferred>
    </Cover>
    <Cover>
      <WorkstationID>2</WorkstationID>
      <Preferred>5,1,1,1,2,2,2,2,3,3,1,1,1,1,1,1,2,2,2,2,2,2,2,2,0,0,0,0,2,2,2,2</Preferred>
    </Cover>
    <Cover>
      <WorkstationID>3</WorkstationID>
      <Preferred>1,1,1,1,0,0,0,0,0,0,0,0,2,2,2,2,2,2,2,2,2,2,2,2,2,2,2,2,1,1,1,1</Preferred>
    </Cover>
    <Cover>
      <WorkstationID>4</WorkstationID>
      <Preferred>1,1,1,1,1,1,1,1,1,1,1,1,1,1,1,1,1,1,1,1,1,1,1,1,0,0,0,0,0,0,0,0</Preferred>
    </Cover>
  </DateSpecificCover>
</CoverRequirements>
</SchedulingPeriod>
```